AF309746

4506.

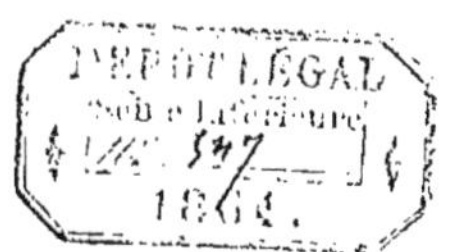
DÉPOT LÉGAL
1864

CHEMIN DE FER

DÉCRÉTÉ

DE

BEAUVAIS A GOURNAY

PROLONGÉ

A TRAVERS

LE PAYS DE BRAY ET LA VALLÉE D'ANDELLE

VERS ROUEN.

1864 

PARCOURS.

PREMIER PROJET.

De Gournay à Pont-de-l'Arche par le pays de Bray et *toute* la vallée
d'Andelle... **47** kilomètres.

De Pont-de-l'Arche à Rouen (Ouest)................. **18** kilomètres.

DEUXIÈME PROJET.

De Gournay à Morgny, près Darnétal (station du chemin d'Amiens à
Rouen)... **36** kilomètres.

De Morgny à Rouen (Nord)......................... **15** kilomètres.

Embranchement de Vascœuil à Pont-de-l'Arche, pour desservir *toute* la
vallée d'Andelle.. **22** kilomètres.

Nota. Le chemin dit de Gisors ne commence à desservir l'importante
vallée d'Andelle qu'à Charleval, soit pour 16 kilomètres seulement, tandis
que les projets ci-dessus la desservent dans toute sa longueur, qui est de
46 kilomètres.

Le chemin dont les projets sont ci-dessus indiqués ne présente aucun
travail d'art.

Il met en communication directe et *la plus courte* la Bretagne et l'Ouest
de la France par Serquigny, les villes maritimes de la Normandie et de la
Bretagne avec le Nord et l'Est de la France, l'Alsace, la Lorraine, la
Belgique, l'Allemagne et la Suisse. Il nous affranchit du tribut payé à
l'Angleterre en amenant *directement* les charbons de Charleroi, qui devien-
draient notre unique ressource en cas de guerre.

(Voir les renseignements justificatifs à la fin du volume, lesquels sont
puisés aux sources officielles et aux statistiques cantonales.)

APERÇU

SUR LE TRAFIC ACTUEL (1864).

Les indications qui suivent concernent les cantons de Gournay et d'Argueil
et *seulement* une partie du parcours, c'est-à-dire de Gournay à Charleval.

(Voir à la fin du volume les détails justificatifs.)

Produit annuel résumé................... **10,009,795** francs.

Transports de marchandises............... **133,017,640** kilog.

Dans cette partie du parcours le chemin desservira :

62 communes,

53,484 habitants,

60 usines d'une force motrice de 1,533 chevaux.

Il faut ajouter :

1° Les charbons belges, qui deviendront, dans un pays parsemé d'usines,
un trafic d'une importance énorme ;

2° Les terres réfractaires, dont la contrée est très riche, mais dont le commerce est entravé par la difficulté des transports ;

3° Les produits du parcours de Charleval à Pont-de-l'Arche, dont l'importance commerciale et industrielle est considérable.

L'an mil huit cent soixante-quatre, le jeudi dix-huit août, à midi,

Dans la salle d'audience du Tribunal de Commerce de Gournay,

L'assemblée générale des cultivateurs, propriétaires, commerçants et iudustriels des cantons de Gournay et d'Argueil, et des communes limitrophes des départements de l'Oise et de l'Eure, convoquée par la voie des journaux, se réunit au nombre de trois cents personnes, sous la présidence de M. Dubois d'Ernemont, chevalier de la Légion-d'Honneur, membre du conseil général de la Seine-Inférieure, président de la commission provisoire, nommé dans l'assemblée générale du 29 juillet dernier.

Le bureau est composé de :

MM. Casimir Noël, ancien notaire à Paris, commandeur de la Légion-d'Honneur ;

Bourgeois, chevalier de la Légion-d'Honneur, maire de Gournay, président du conseil d'arrondissement de Neufchâtel ;

Guesdon du Lesmont, chevalier de l'ordre des SS. Maurice et Lazare, ancien membre du conseil général de la Seine-Inférieure, propriétaire à Nolleval ;

MM. Louette, juge-de-paix du canton d'Argueil, membre du
conseil d'arrondissement de Neufchâtel;
Vitet, maire d'Argueil ;
Général baron de la Chaise, propriétaire du château de
Ferrières;
Duhamel-Daniel, propriétaire à Gournay ;
Rigault, notaire à Argueil;
Régentès, secrétaire de la mairie de Gournay.

Membres de la commission.

MM. Michel Wallon, membre du conseil général de l'Oise;
Edmond de Saint-Hilaire, maire de Bezancourt,
Et Blaise, ancien manufacturier à Croisy,
Dont la commission a demandé le précieux concours
et qui ontbien voulu s'adjoindre à elle.

Le comte Pajol , membre du conseil général de la Seine-
Inférieure ;
Boucault, premier adjoint au maire de Gournay ,
Et Letellier, notaire à la Feuillie ,
Se sont fait excuser de ne pouvoir assister à cette réunion.

M. Corneille , député de la Seine-Inférieure pour l'arrondissement de Neufchâtel , présent à la séance , est prié,au nom de
l'assemblée, de prendre place au bureau.

A l'ouverture de la séance , M. le président expose brièvement
les faits qui se sont accomplis , les démarches faites par la commission , le résultat de ses travaux depuis la dernière assemblée générale.

M. le président dépose ensuite les délibérations des conseils
municipaux qui lui ont été adressées par les quinze communes
composant le canton de Gournay , les quinze communes composant le caton d'Argueil et les communes limitrophes de Bois-
guilbert , Epreville-Martainville , et les communes même de

Périers et Vascœuil, appartenant au département de l'Eure, et les mêmes adhésions des communes du canton voisin du département de l'Oise.

La parole est donnée à M. du Lesmont, pour faire, au nom de la commission, un rapport général sur le prolongement du chemin de fer de Beauvais à Gournay jusqu'à Rouen, qui intéresse si vivement les populations de cette contrée.

Ce rapport, d'un développement considérable et d'une lucidité parfaite, fait toucher du doigt les causes qui ont dû déterminer les populations des vallées de Bray et d'Andelle à se lever en masse pour s'opposer à des projets dont l'adoption leur serait aussi préjudiciable qu'aux intérêts généraux du commerce et du transit.

Il établit d'une manière incontestable, au moyen d'un tableau général des distances, lui servant d'annexe, que la voie de Rouen à Gournay est de beaucoup la plus courte et la plus directe pour relier Rouen, le Havre, la Basse-Normandie et la Bretagne, avec tous les grands centres manafacturiers et les bassins houillers de l'Est et du Nord de la France, de la Belgique et de l'Allemagne.

Il en résulte donc clairement que le prolongement de Gournay à Rouen, qui complète cet immense réseau, offre non seulement un intérêt particulier à la contrée qu'il traverse, mais encore un intérêt général et même national, pour le cas d'une guerre avec l'Angleterre, dont nous sommes tributaires pour les charbons.

Les voies et moyens pour atteindre ce but sont de trois sortes :

1° Proposer à la compagnie de l'Ouest ou à la compagnie du Nord de se charger de l'établissement du prolongement du chemin de Beauvais à Gournay jusqu'à Pont-de-l'Arche, en suivant toute la vallée de l'Andelle ;

2° Pour le cas où ni l'une ni l'autre de ces compagnies ne voudrait se charger de l'établissement de cette ligne, proposer à la compagnie du Nord l'établissement d'une ligne partant de Gournay et aboutissant à Morgny-la-Pommeraie, sur la ligne d'Amiens à Rouen, et à 15 kilomètres de cette dernière ville, traversant une grande partie de la vallée d'Andelle, jusqu'à Vascœuil, continuant ensuite par Ry et Blainville, jusqu'à Morgny, point de raccordement déjà choisi et étudié par la compagnie du Nord pour un embranchement vers Charleval, dans le cas de l'adoption du tracé par Gisors;

3° Enfin, pour le cas encore où ce dernier projet ne recevrait pas d'accueil favorable, procéder à la formation immédiate d'une compagnie privée pour l'exécution de ce dernier tracé.

Telles sont les conclusions de ce rapport, qui est couvert d'applaudissements.

M. Corneille demande la permission de présenter quelques observations relativement au projet qui occupe l'assemblée.

Il reconnaît la nécessité de poursuivre ce projet et de s'entourer de toutes les influences qui peuvent en rendre l'exécution prompte et certaine; reprenant, à son point de vue, une des parties du rapport, il arrive à prouver également que le tracé par Gournay est le plus direct et offre un intérêt d'utilité générale, qui ne peut manquer d'être apprécié par le gouvernement et de le rendre favorable au projet.

Il serait peut-être imprudent, dit-il, d'offrir à la fois un double tracé, qui pourrait diviser les opinions et empêcher l'exécution du prolongement réclamé.

M. le président, répondant à M. Corneille, lui fait observer que le rapport a parfaitement distingué et n'indique pas les deux tracés comme devant être présentés simultanément.

M. du Lesmont demande la permission de donner de nouveau lecture des conclusions du rapport et, les développant de nouveau, prouve victorieusement qu'il ne peut et ne doit rester aucun doute à cet égard dans l'esprit de l'assemblée.

M. Ledoux, gérant d'une carrière de terres réfractaires à Cuy-Saint-Fiacre, expose à l'assemblée les difficultés et les obstacles que le prix actuel des transports met à l'exportation des terres réfractaires exploitées dans les environs de Gournay ; l'établissement d'une voie ferrée peut seule faire disparaître ces obstacles, permettre une exploitation en grand qui triplera tout au moins le chiffre actuel de l'exportation et rendra vraiment prospère cette industrie.

M. Michel Wallon croit pouvoir promettre à l'assemblée le concours du conseil général de l'Oise, qui a de tout temps été acquis au chemin de fer de Beauvais à Rouen par Gournay ; sur sa demande, des vœux dans ce sens ont été émis encore l'année dernière par le conseil.

M. du Lesmont donne communication d'un article du journal le *Vexin Normand*, publié à Gisors, le 11 août présent mois, et affirmant qu'une commission au corps législatif avait, en 1863, après un examen sérieux, donné la préférence à un embranchement de Gisors à Pont-de-l'Arche, sur le prolongement de la ligne décrétée de Beauvais à Gournay jusqu'à ce point. M. Corneille, député, prié par lui de vouloir bien donner des renseignements sur ce qu'il savait à cet égard, déclare que jamais, à sa connaissance, semblable commission n'a existé, et que cette assertion n'est qu'une fable et un roman de pure invention pour les besoins de la cause patronnée par le *Vexin*.

M. le président, après avoir demandé si quelqu'un dans l'assemblée désirait encore présenter quelques observations, met aux voix les conclusions du rapport.

Ces conclusions sont adoptées à l'unanimité, et l'assemblée tout entière y donne son adhésion, confirmée par la signatnre de toutes les personnes présentes.

L'assemblée arrête en outre que ce rapport et son annexe seront imprimés, et qu'un opuscule contenant le résumé de toutes ces dispositions sera également imprimé et distribué par les soins de la commission.

M. le président invite ensuite l'assemblée à nommer une commission définitive, chargée du soin d'assurer l'exécution de ses votes.

Le bureau de cette commission serait formé de :

MM. Dubois d'Ernemont, président ;
    C. Noël, Bourgeois, vice-présidents;
    Guesdon du Lesmont, rapporteur ;
    Régentès, secrétaire.

Et la commission composée de :

MM. le général de la Chaise,
    Comte Pajol,
    Louette,
    Boucault,
    Vitet,
    Duhamel-Daniel,
    Michel Wallon,
MM. Rigault,
    De Saint-Hilaire,
    Letellier,
    Blaise,
    Delamare, maire de Vascœuil (Eure).

Cette commission est en outre autorisée à s'adjoindre toutes les personnes qui, dans l'Oise, dans l'Eure ou la Seine inférieure, lui paraîtraient pouvoir apporter un utile et efficace concours.

L'assemblée approuve les propositions qui lui sont faites et donne à la commission qu'elle vient de nommer tous les pouvoirs néessaires pour agir activement dans l'intérét général.

Avant de lever la séance, M. le président dit qu'il croit être le fidèle interprète de l'assemblée en proposant de voter des remercîments à M. du Lesmont, dont la généreuse initiative et l'incessante activité ont préparé le succès du projet qu'il poursuit avec tant d'ardeur et de persévérants efforts.

M. du Lesmont remercie l'assemblée, mais il déclare ne pas accepter pour lui seul ces remercîments, qui devront s'adresser à la commission tout entière, quand, par ses efforts réunis, elle aura obtenu la réalisation de tous les vœux de l'assemblée et du pays.

La séance est levée à quatre heures du soir.

RAPPORT A LA RÉUNION GÉNÉRALE DU 18 AOUT 1864,
A GOURNAY.

Messieurs,

Le 29 juin dernier, nous avons eu l'honneur d'appeler votre attention sur les projets du département de l'Eure d'établir une voie ferrée de Gisors à Pont-de-l'Arche. Nous avons essayé de vous expliquer que nos craintes, que nous désirons encore être chimériques, étaient que cette ligne, dans la supposition de son exécution, ne fût pour la ville de Gournay, pour nos cantons de Gournay et d'Argueil et notre vallée d'Andelle, la privation à tout jamais d'un chemin de fer leur apportant la vie, le mouvement, l'accroissement considérable de leur commerce et de leur industrie.

Isolés entre deux lignes également éloignées, ne nous desservant que difficilement et onéreusement, nous perdrions tous les avantages attribués aux pays voisins, par le fait des délais trop longs et des prix trop élevés des transports.

Un décret, en date du 5 juin 1861, a décidé l'ouverture d'une voie ferrée de Beauvais à Gournay, et un autre décret du 14 du même mois a également reconnu d'utilité publique un tronçon de Senlis à Crépy, seule lacune existant entre la Normandie et les lignes de Paris à Soissons, Reims, Sédan, Strasbourg, Mulhouse, et, en un mot, entre l'Ouest et l'Est de la France et l'Allemagne.

Les intentions du Gouvernement étaient, sans que le moindre doute soit permis, d'amener vers Rouen et le Havre directement, par les voies les plus courtes, les produits importants, en marchandises et voyageurs, de la Champagne, des Ardennes, de la Lorraine, de l'Alsace, de Mulhouse, de la Suisse, et aussi, à plus forte raison, tout le transit des charbons et des provenances de la Belgique et de l'Allemagne, par Saint-Quentin, Charleroi et Liége, et de garantir à nos contrées, à nos ports, à nos grands centres manufacturiers, les faciles réceptions et expéditions des cotons, des rouenneries, des draperies, des sucres, des charbons, des alcools, des vins, des produits manufacturés de et pour nos villes de fabrique, comme de et pour toutes destinations éloignées de la France et de l'étranger, et aussi et en première ligne le transport des émigrants.

Il est important d'apprécier, messieurs, au point de vue de l'amour sacré de la patrie, qui nous anime tous, que, dans le cas d'une guerre maritime, dont nous sommes loin d'appeler les malheurs, mais contre les éventualités de laquelle il est toujours sage de nous mettre en garde, Charleroi et tous les bassins du Nord devraient seuls approvisionner nos vaisseaux et nos établissements industriels, et que seuls ils pourvoient aussi à nous affranchir du tribut si énorme que nous payons à l'Angleterre.

Le 22 octobre, M. E. Pereire, administrateur, et M. Cholat, chef du service commercial de la compagnie de l'Ouest, ont déclaré à une commission dont faisaient partie plusieurs personnes ici présentes que leur compagnie n'entreprendrait jamais une autre ligne de Rouen à Beauvais que celle par la vallée d'Andelle et Gournay, et qu'elle refuserait même toute espèce de concours à tout projet quelconque qui ne suivrait pas ce tracé.

Ces doubles considérations, messieurs, paraissaient avoir donné toute sécurité et fait croire qu'il était permis d'attendre patiemment l'exécution supposée inévitable du tronçon décrété de Beauvais à Gournay, et du prolongement, devant en être la conséquence, de Gournay à Rouen par la vallée d'Andelle.

Les faits, malheureusement, sont peut-être à la veille de prouver que cette confiance et cette quiétude nous ont été funestes.

En effet, le *Journal de Rouen* du 21 juillet dernier a commencé par relater que, dans une réunion qui avait eu lieu à Etrépagny, le dimanche 17 du même mois, à l'occasion d'un comice agricole, M. le préfet de l'Eure avait appris à l'assemblée que l'on s'occupait, *plus activement que jamais*, du projet de chemin de fer de Gisors à Pont-de-l'Arche par Etrépagny et Charleval; que, sur sa convocation, la veille, soit le 20 juillet, des propriétaires et des manufacturiers s'étaient réunis à Evreux pour aviser aux moyens d'assurer l'exécution de cette nouvelle voie ferrée; que des études faites par M. Boulanger, agent-voyer en chef de son département, il résultait que :

1° La longueur du chemin serait de 50 kilomètres ;

2° Qu'il pourrait être exécuté pour une somme de 6 millions, y compris le matériel ;

3° Qu'une compagnie qui se formerait avec un capital de 3 millions en actions, moyennant une subvention d'une somme semblable fournie par l'Etat, le département et les communes, serait assurée d'obtenir un intérêt rémunérateur de son capital. Il a ajouté que cette réunion de propriétaires et de manufacturiers s'était provisoirement constituée en comité de fondateurs, et que ce même comité s'assemblerait de nouveau, mais à Etrépagny, le 31 juillet, pour se constituer définitivement et pourvoir à l'organisation de cette entreprise.

L'ordre du jour devait être :

1° Nomination d'un comité d'exécution,

2° Approbation du projet de statuts de la société,

3° Formation d'une première liste de souscription,

4° Rédaction d'une circulaire pour l'appel du complément du capital nécessaire.

Le lundi 25 juillet, une réunion eut lieu à Paris, entre MM. le duc d'Albuféra, Guillaume Petit, députés ; Le Châtelier, ingénieur en chef des mines, et Boulanger, agent-voyer du département de l'Eure, afin d'arrêter les bases du comité d'exécution, en vue de la séance annoncée pour le 31 à Etrépagny.

Le 31 juillet, la réunion annoncée a lieu à Etrépagny.

Après la lecture d'un projet de statuts de la future société, un comité est nommé et composé de MM. le duc d'Albuféra, Guillaume Petit, Pouyer-Quertier, le comte de la Grange et Le Châtelier, ingénieur en chef des mines, chargé de faire toutes diligences auprès du Gouvernement, pour faire autoriser le tracé et obtenir la subvention de l'Etat, qui, jointe aux 500,000 fr. votés par le conseil général de l'Eure, doit fournir plus de la moitié du capital nécessaire, c'est-à-dire 3 millions et demi.

Des comités locaux sont nommés ensuite et chargés de placer

les actions qui doivent, au nombre de 6,000, à 500 fr. chacune, compléter le chiffre des dépenses, soit 6 millions environ.

Les personnes présentes souscrivent pour 500,000 fr. d'actions.

M. Pouyer-Quertier propose, avant que la séance soit levée, d'adresser des remercîments chaleureux à M. le duc d'Albuféra et M. Guillaume Petit, députés, et surtout à M. Janvier, préfet de l'Eure; et enfin, M. le duc d'Albuféra promet la confection du chemin avant deux années, c'est-à-dire vers le milieu de 1866.

Comme nous, messieurs, n'êtes-vous pas vivement impressionnés par la marche rapide d'une combinaison mûrie dans l'ombre, dans le silence, et amenée en aussi peu de temps à un résultat si complet?

A la réunion du 29 juillet, vous avez désigné une commission composée en nombre égal de membres des deux cantons de Gournay et d'Argueil, qui ont jugé convenable de s'adjoindre un nouveau membre supplémentaire pour chaque canton; pour celui de Gournay, M. de Saint-Hilaire, maire de Bezancourt, au dévoûment duquel nous devons des renseignements précieux et prêt à se mettre sur la brèche, et pour celui d'Argueil, M. Blaise, ancien manufacturier à Croisy et le vrai créateur de l'industrie cotonnière dans la vallée d'Andelle.

Ces commissions se sont réunies plusieurs fois; elles ont recueilli des documents sérieux et concluants en faveur de vos bons droits, dont nous n'avons, nous, jamais douté ni fait abnégation, et nous vous les ferons connaître.

Elles ont adressé des lettres à M. le sénateur préfet de la Seine-Inférieure, à M. le sous-préfet de Neufchâtel, à S. Exc. le ministre des travaux publics, aux compagnies de l'Ouest et du Nord, à MM. le préfet de l'Oise et le maire de Beauvais, à M. Michel Wallon, conseiller général de l'Oise, toujours et de tout temps disposé à nous seconder de son intelligent et puissant concours auprès de son département; à M. Pouyer-Quertier, député de la Seine-Inférieure, le priant de vouloir bien s'associer à leurs efforts, et aussi à M. Corneille, représentant votre arrondissement au corps législatif, et à M. le comte Pajol, conseiller général.

Elles ont obtenu sinon la faveur, au moins, et à cet égard, de la manière la plus courtoise, la publicité des journaux du département; elles ont obtenu une audience de M. le sénateur préfet, auprès duquel se sont rendus, le vendredi 12 août, MM. d'Ernemont, Rigaut et du Lesmont.

Votre premier magistrat leur a exprimé le regret de ne pouvoir se rendre à Gournay aujourd'hui, et les a chargés de vous assurer qu'il était disposé à défendre, comme toujours, vos intérêts, qui sont ceux du département, et le même jour vendredi, vos mêmes commissaires ont eu ensuite une audience de M. Barbet, à la fois président du conseil général de la Seine-Inférieure et administrateur de la compagnie du Nord. Ce vénérable doyen de nos assemblées départementales les a priés d'être ses interprètes auprès de vous et de vous promettre son dévoûment et toute sa sympathie.

Messieurs, vos commissaires espèrent enfin avoir réussi à prouver que vous n'aviez jamais renoncé à la confiance dans l'exécution de la ligne qui vous a été accordée de Beauvais à Gournay, ni de son prolongement vers Rouen, et ont essayé de vous concilier le concours et la bienveillance de tous ceux qui peuvent vous aider à faire entendre et exaucer vos vœux.

Nous avons l'honneur de vous soumettre des tableaux détaillés et dressés de la manière la plus précise *possible*, qui ne vous laisseront pas même le doute que les avantages pour l'établissement d'une voie ferrée vers Rouen, par Gournay plutôt que par Gisors, sont incontestablement supérieurs et indiscutables, à cause de la brièveté du parcours, l'économie et la facilité d'exécution, l'importance du trafic, le chiffre numérique des populations et des entreprises industrielles.

Enfin, en prévision de cas où vous seriez, quand même, dépossédés de la ligne de Pont-de-l'Arche, nous avons combiné un nouveau tracé encore et de beaucoup plus court, partant de Gournay, suivant la vallée d'Andelle jusqu'à Vascœuil, se dirigeant ensuite par Ry et Blainville sur Morgny-la-Pommeraie, dernière station du nouveau chemin d'Amiens, avant Darnétal et Rouen.

PRÉSENTATION ET EXPLICATION DES TABLEAUX PLACÉS A LA SUITE DU MÉMOIRE.

Malgré, messieurs, tout ce que vous venez d'entendre, malgré la préférence à accorder à nos deux lignes, en restant en dehors de toutes prétentions, en nous plaçant même aussi en dehors de toutes considérations privées, en envisageant la question au seul point de vue du travail international de l'Allemagne, de la Champagne, de la Belgique, de la Lorraine, de l'Alsace, de la Suisse, vers nos divers ports de commerce, la différence concluante des parcours, devez-vous espérer ou vous abandonner au découragement? Non, mille fois non! Vous devez redoubler d'ardeur, ne reculer devant aucunes démarches, devant aucuns sacrifices, ne pas perdre de vue qu'une voie ferrée est une nécessité vitale pour nos contrées; et soyez-en persuadés, votre persévérance et la justice de votre cause entraîneront la réussite en votre faveur.

Nous avons confiance dans les éminents administrateurs qui dirigent ou représentent notre département, notre arrondissement, nos cantons; mais, cependant, n'êtes-vous pas péniblement affectés en voyant M. le préfet de l'Eure, si ardent et si habile à nous combattre; M. Pouyer-Quertier, *député de la Seine-Inférieure*, agir avec toute l'énergie que vous lui connaissez *en faveur du département de l'Eure*; en lisant dans le compte-rendu des séances *du conseil d'arrondissement de Rouen*, « qu'il porte le plus vif intérêt au projet d'un chemin de fer de Gisors à Pont-de-l'Arche, qu'il fait des vœux pour que le Gouvernement lui soit favorable et lui vienne en aide ? »

Nous avons tâché de rectifier cette erreur, dans laquelle n'a dû et pu tomber qu'involontairement un conseil d'arrondissement de la Seine-Inférieure, par une lettre insérée dans les journaux du département, à la date du 30 juillet dernier, et dont nous ne vous donnons pas communication, dans la crainte d'abuser de votre attention, lettre restée sans répouse.

En présence du tracé de Rouen à Amiens, *perdu pour vous*, du concours annoncé du chemin de l'Ouest au tracé de Gisors, si contrairement aux engagements pris en juin 1853 par ses représentants, pensez-vous que nous devions beaucoup compter sur nos démarches auprès de cette compagnie, quoique cependant elles doivent être tentées, et qu'il ne soit pas plus utile pour vous de tourner vos regards vers la compagnie du Nord, qui a un intérêt commun avec vous, pour l'embranchement de Beauvais à Gournay, qui ne pourrait se passer de son prolongement indispensable vers Rouen, le Havre, la Basse-Normandie et la Bretagne, par notre vallée de l'Andelle.

Pour sauvegarder d'urgence vos intérêts si gravement menacés, en apparence, du moins, messieurs, plusieurs moyens vous sont offerts :

1° L'*obtention* de l'une des deux compagnies de l'Ouest ou du Nord d'exécuter elle-même l'embranchement de Gournay à Pont-de-l'Arche ;

2° Dans le cas où le projet de chemin de Gisors à Pont-de-l'Arche serait admis, l'*adoption* du tracé de Gournay à Morgny-la-Pommeraie, beaucoup plus court et plus avantageux pour nous, pour tout le commerce et le transit en général, et la demande de son exécution à la compagnie du Nord, qui aurait, dans cette combinaison, un intérêt d'autant plus important, que le projet de Gisors lui faisait déjà reconnaître l'utilité de créer elle-même un embranchemeut de Morgny sur Charleval et Vascœuil par Ry et Blainville ;

3° Dans le cas où ni l'Ouest ni le Nord ne consentiraient à se charger de ces lignes, l'*organisation* immédiate par vous-mêmes d'une compagnie sérieuse :

Soit pour la création et l'exploitation de la ligne de Gournay à Pont-de-l'Arche, si la partie de la vallée d'Andelle située entre Charleval et Pont-de-l'Arche comprend son intérêt de se rallier à nous et non à Gisors;

Soit seulement pour la création de la ligne peu coûteuse de Gournay à Morgny-la-Pommeraie.

Le premier de ces parcours, celui de Gournay à Pont-de-l'Arche, devrait approximativement motiver une mise de fonds de 5 à 6 millions;

Celui de Gournay à Morgny une mise de fonds de 3,500,000 fr. à 4 millions au plus, en évaluant le prix de revient à 100,000 fr. par kilomètre, chiffre largement suffisant pour des travaux exempts de toutes difficultés.

Il vous paraîtra, nous l'espérons, aisé de réaliser l'une ou l'autre de ces deux sommes :

1° Le conseil général de la Seine-Inférieure peut-il être moins libéral envers nous que celui du département de l'Eure, qui, bien que d'une importance beaucoup moindre, a déjà et depuis longtemps voté 500,000 fr. ?

2° L'Etat, que l'on a annoncé devoir donner 3 millions à la compagnie de Gisors à Pont-de-l'Arche, vous accorderait-il moins ? et quel pourrait être le prétexte, impossible même à supposer, d'un acquiescement aux uns et d'un refus aux autres dans une circonstance identiquement semblable ?

3° Les souscriptions au milieu d'une population plus nombreuse que celles intéressées au tracé de Gisors n'atteindraient-elles pas un chiffre au moins égal, sinon plus élevé ?

Pour le tracé de Gournay à Pont-de-l'Arche, dont la conséquence forcée serait l'abandon de Gisors comme point de départ, en admettant :

1° L'Etat pour... 3,000,000 fr.

2° Le département de l'Eure pour ce qu'il a déjà voté.. 500,000

3° La Seine-Inférieure pour un chiffre égal..... 500,000

4° Le département de l'Oise, gravement intéressé dans la question... 300,000

Vous auriez déjà... 4,300,000 fr.

N'est-il pas à espérer que la Compagnie de l'Ouest vînt elle-même accorder une subvention, en compensation des énormes produits apportés à ses deux points extrêmes, de Pont-de-l'Arche et Gournay?

Si nos prévisions nous trompaient et que nous dussions nous attacher exclusivement, et seuls, à la formation d'une compagnie pour le tracé de Gournay à Morgny-la-Pommeraye, son établissement serait bien peu dispendieux, et en supposant même :

1° Le concours de l'Etat réduit à............... 1,500,000 fr.
2° Celui du département de la Seine-Inférieure à 300,000
3° Celui de l'Oise à........................... 200,000
                                               ____
          Soit...................... 2,000,000 fr.

ne devrions-nous pas compter sur la coopération efficace de la puissante compagnie du Nord, qui deviendrait ainsi seule détentrice de tous les transports, sans interruption sur tous les parcours entiers, depuis Etaimpuis et Rouen jusqu'à l'extrémité de ses lignes? Et des populations aussi nombreuses, des administrations communales aussi intelligentes, ne reculeraient pas devant les mesures qui seraient nécessaires pour garantir la prospérité à venir, compléter les ressources qui seraient reconnues indispensables, surtout quand il s'agirait de la réalisation de sommes aussi peu importantes, relativement à une population de 55,000 habitants au moins, intéressés au succès et à la fortune publique.

On pourrait même probablement se dispenser, en diminuant les dépenses premières, de l'achat du mobilier, des machines, wagons, voitures à voyageurs, à marchandises et à bestiaux, en chargeant l'une ou l'autre des compagnies voisines de la traction et de la fourniture du matériel, moyennant une rétribution stipulée et basée sur le nombre de kilomètres parcourus, sur celui des voyageurs et le poids des marchandises, comme cela, du reste, a déjà lieu sur d'autres points.

Dans aucun cas, messieurs, si, ni le Nord, ni l'Ouest, ni les chemins américains, ne veulent se charger de créer l'une ou l'autre de ces lignes à leur compte, il ne vous est plus permis de renoncer à être une compagnie sérieuse, soit pour le tracé de Gournay à Pont-de-l'Arche, soit pour celui de Gournay à Morgny, et nous nous résumons en vous suppliant, messieurs, de vouloir bien décider et voter, avant de nous séparer, que les mandataires que vous avez, d'une manière définitive, investis de votre confiance devront poursuivre, sans le moindre retard, sans la moindre interruption et par tous les moyens, la réussite de la détermination que vous arrêtez irrévocablement, d'avoir une ligne ferrée de Gournay vers Rouen, soit par l'intermédiaire des compagnies, soit par une société dès aujourd'hui décidée par votre initiative.

MM. vos commissaires devront, d'abord, faire les démarches nécessaires près des deux compagnies de l'Ouest et du Nord, si besoin est, de la compagnie des Chemins de fer américains ou départementaux, et ensuite, en cas de non-réussite, présenter vos demandes et vos instances à S. Exc. le ministre des travaux publics, à MM. les préfets et aux conseils généraux de la Seine-Inférieure, de l'Oise, même de l'Eure, et aussi des départements de l'Aisne et de la Marne, et encore même, alors, aux compagnies de chemins de fer de l'Ouest et du Nord, pour obtenir les subventions et le concours que l'une et l'autre ne nous paraîtront pas pouvoir refuser.

Veuillez fixer, dès à présent, une nouvelle réunion, dont votre commission vous fixera ultérieurement la date, pour entendre et connaître le résultat des efforts tentés au nom de tous, construire et terminer d'une manière absolue l'œuvre que vous avez courageusement entreprise.

En un mot, messieurs, qu'une voie ferrée de Gournay vers Rouen soit dès à présent, aux yeux de tous, un fait accompli, et ne reculez devant aucune des mesures propres à son exécution, quelles qu'en puissent être les difficultés.

Le rapporteur,
E. GUESDON DU LESMONT.

Le président,
DUBOIS D'ERNEMONT.

Le général DE LA CHAISE, Casimir NOEL, BOURGEOIS,
Michel WALLON, A. LOUETTE, RIGAULT, DUHAMEL,
DE SAINT-HILAIRE, VITET, RÉGENTÈS.

Rouen. — Imprimerie de D. BRIÈRE et Fils, rue Saint-Lô, n° 7.

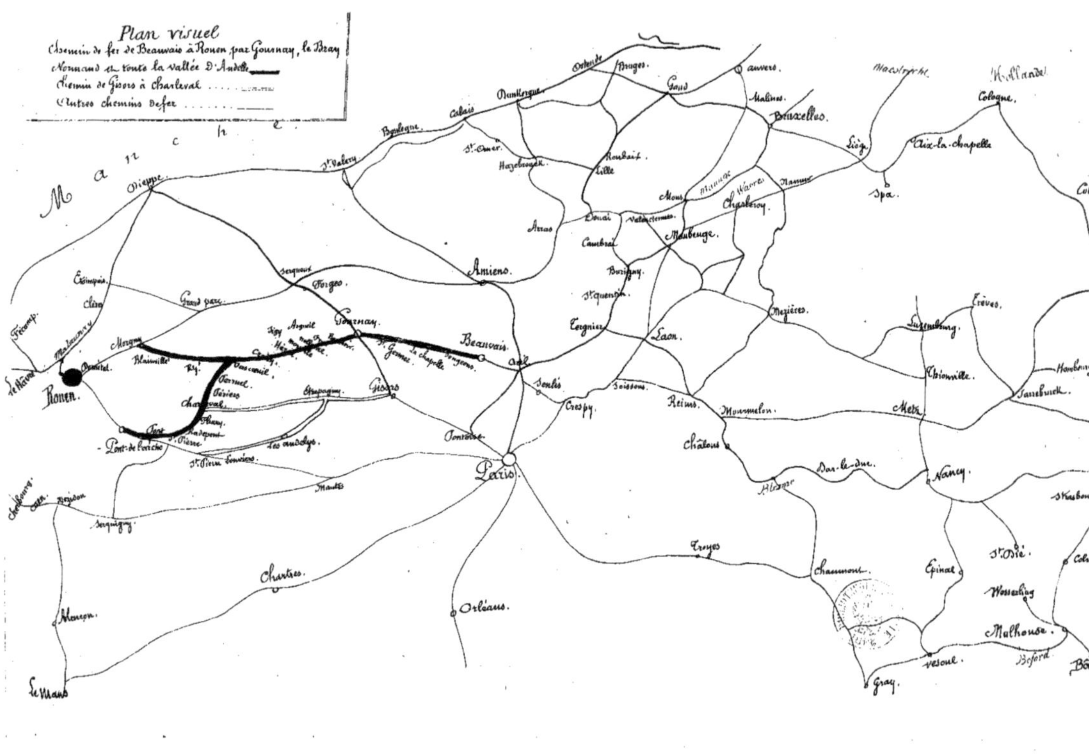

Plan visuel
Chemin de fer de Beauvais à Rouen, par Gournay, le Bray
Normand en route la vallée D'Andelle
Chemin de Gisors à Charleval . . . .
Autres chemins de fer . . . .
Dieppe
St Valery
Ostende
Bruges
Gand
Anvers
Maestricht
Hollande
Dunkerque
Calais
Boulogne
Malines
Bruxelles
Cologne
St Omer
Roubaix
Lille
Liège
Aix-la-chapelle
Hazebrouck
Mons
Manage
Wavre
Namur
Spa
Arras
Douai
Valenciennes
Charleroy
Etrépagny
Grand parc
Forges
Amiens
Cambrai
Maubeuge
Clère
Estampuis
Serqueux
St Quentin
Bapaume
Trèves
Luxembourg
Fécamp
Le Havre
Malaunay
Morgny
Sigy
Argueil
Gournay
Beauvais
Tergnier
Laon
Mézières
Thionville
Hambourg
Malaunay
Blainville
Ry
Gisors
Gemmes
La Chapelle
Gougerne
Noyl
Senlis
Soissons
Reims
Mourmelon
Metz
Sarrebrück
Rouen
Oissel
Charleval
Tériers
St Pierre
Mantes
Crespy
Châlons
Bar-le-duc
Nancy
Strasbourg
Pont-de-l'arche
St Pierre lenvières
Les audelys
Pontoise
Paris
Troyes
Vitry
Colmar
Fécamp
Bolbec
Bourdon
Serquigny
Chartres
Chaumont
Épinal
St Dié
Wesserling
Mulhouse
Alençon
Orléans
Vesoul
Belfort
Bâle
Le Mans
Gray

Détail et itinéraire

des

différentes lignes

et

leur comparaison entr'elles.

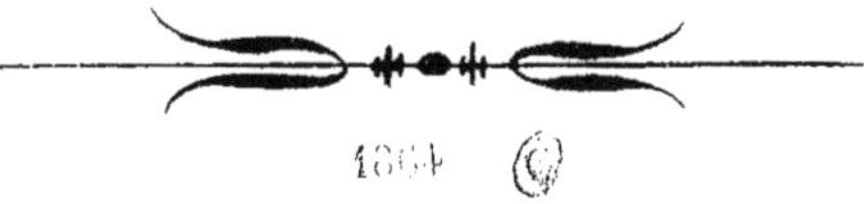

1864

Distances et itinéraires.

Hâvre - Malaunay	79.	
Malaunay - Clères	12.	Ouest 100.
Clères - Étaimpuis	7.	
Étaimpuis - Grand parc	15.	
Grand parc - Amiens	100.	Amiens nouveau et au minimum.

213 K.

Hâvre - Rouen	88.	Ouest
Rouen - Morgny	15.	
Morgny - Grand parc	12.	Ligne nouvelle.
Grand parc - Amiens	100.	

215.

La distance du Hâvre par Étaimpuis, vers Amiens, n'abrège que de 2 kilomètres seulement sur la ligne par Rouen, et cette différence ne sera pas compensée par les changements :

Rouen - Morgny	15.
Morgny - Grand parc	12.
Grand parc - Amiens	100.

127.

Rouen à Gournay,
Par Pont-de-l'arche

Rouen - Pont-de-l'arche	18.
Pont-de-l'arche - Charleval	16.
Charleval - Vascœuil	6.
Vascœuil - Croisy	1.
Croisy - Nolleval	6.
Nolleval - Fry	5.
Fry - Gournay	13.

65.

Rouen,
par Gisors.

Rouen - Pont-de-l'arche	18
Pont de l'arche - Gisors	50

68 K.

Rouen - Gournay, par Morgny.

Rouen - Morgny	15.
Morgny - Blainville	3.
Blainville - Ry	4.
Ry - Croisy	5.
Croisy - Gournay	24.

51. K

Gisors - St Pierre.

Gisors - Étrépagny	13.	
Étrépagny - Hacqueville	6.	
Hacqueville - Harquenay	10.	46 Kilomètres.
Harquenay - Andelys	4.	
Andelys - St Pierre	13.	

Hâvre - Bruxelles.

1°, **Par Étampuis et Amiens.**

Hâvre - Amiens . . . . 213. K
Amiens - Bruxelles . . . . 236. } . . . . . 449.

449. "

2°, **Par Rouen et Amiens.**

Hâvre - Rouen . . . . 88.
Rouen - Grand-parc . . . . 27.
Grand-parc - amiens . . . . . . 100. } . . . . . 451.
Amiens - Bruxelles . . . . 236.

451.

3°, **Par Rouen, Morgny et Gournay.**

Hâvre - Rouen . . . . 88.
Rouen - Morgny . . . . 15.
Morgny - Gournay . . . . 36.
Gournay - Beauvais . . . . . . 30. } 104. } . . . . 459.
Beauvais - Creil . . . . 38.
Creil - Maubeuge . . . . 168.
Maubeuge - Bruxelles . . . . . 84.

459.

4°, **Par Rouen, Pont-de-l'Arche & Gournay.**

Hâvre - Pont-de-l'Arche . . . . . 109.
Pont-de-l'Arche - Gournay . . . . 47. } . . . . . 476.
Gournay - Bruxelles . . . . 320.

476.

5° **Par Gisors.**

Hâvre - Pont-de-l'Arche . . . . . 109.
Pont-de-l'Arche - Gisors . . . . . 50.
Gisors - Pontoise . . . . 39. } . . . . . 489.
Pontoise - Creil . . . . 39.
Creil - Bruxelles . . . . 252.

489.

Par Paris.

Hâvre - Paris . . . . 228.
Paris - Bruxelles . . . . 285. } . . . . 513.

513.

Une Compagnie organisée, et qui a réalisé un chiffre de 32.000.000 ₣ de souscriptions, est à la veille d'exécuter un tronçon de Laon à Mons, ce nouveau tracé parfaitement direct, donnera au parcours de Gournay vers Bruxelles une nouvelle abréviation importante et rendra indubitablement la distance moindre que par la ligne d'Amiens.

Hâvre - Charleroi.

1°, Par Étaimpuis et Amiens.
Hâvre - Amiens . . . . 213 ⎫
Amiens - Quiévrain . . . . 133 ⎪
Quiévrain - Mons . . . . . 19 ⎬ . . . . 473.
Mons - Manage . . . . . 25 ⎪
Manage - Wavre . . . . . . 41 ⎪
Wavre - Charleroi . . . . . . 42 ⎭

473.

2°, Par Rouen et Amiens . . . . 475 . . . . 475.

3°, Par Rouen, Morgny & Gournay.
Hâvre - Rouen . . . . 88 ⎫
Rouen - Morgny . . . . . 15 ⎪
Morgny - Creil . . . . . 104 ⎬ . . . . . 431.
Creil - Maubeuge . . . . . 168 ⎪
Maubeuge - Charleroi . . . . 56 ⎭

431

4° Par Rouen, Pont-de-l'Arche, Gournay.
Hâvre - Pont-de-l'arche . . . . 109 ⎫
Pont-de-l'arche - Gournay . . . 47 ⎪
Gournay - Creil . . . . . . 68 ⎬ . . . . . . 448.
Creil - Maubeuge . . . . . 168 ⎪
Maubeuge - Charleroi . . . . 56 ⎭

448.

5° Par Rouen, Pont-de-l'arche, Gisors.
Hâvre - Pont-de-l'arche . . . . 109 ⎫
Pont-de-l'arche - Gisors . . . 50 ⎪
Gisors - Creil . . . . . . 78 ⎬ . . . . . . 461.
Creil - Charleroy . . . . . 224 ⎭

461.

Par Paris.
Hâvre - Paris . . . . . . 228 ⎫ . . . . . 513.
Paris - Charleroi . . . . . 285 ⎭

513.

Hâvre à Liége.

1re Ligne, par Étaimpuis et Amiens.
    Hâvre - Amiens . . . . 213 K.
    Amiens - Bruxelles . . . . 236. } 563
    Bruxelles à Liége . . . . 114.

                                    563.

2e   Par Rouen et Amiens . . . . . . 565 . . . . 565.

3e   Par Rouen, Morgny et Gournay.
    Hâvre - Rouen . . . . 88.
    Rouen - Morgny . . . . 15.
    Morgny - Creil . . . . 104. } . . . . 527.
    Creil - Maubeuge . . . . 168.
    Maubeuge - Liége . . . . 162.

                                      527.

4e   Par Pont-de-l'Arche & Gournay.
    Hâvre - Pont-de-l'Arche . . . . . 109.
    Pont-de-l'Arche - Gournay . . . . 47. } . . . . 554.
    Gournay - Creil . . . . 68.
    Creil - Liége . . . . 330.

                                      554.

5e   Par Rouen, Pont-de-l'Arche & Gisors.
    Hâvre - Pont-de-l'Arche . . . . . 109.
    Pont-de-l'Arche - Gisors . . . . . 50. } 567
    Gisors - Creil . . . . 78.
    Creil - Liége . . . . 330.

                                      567.

           Par Paris.
    Hâvre - Paris . . . . 228. } . . . . 609.
    Paris - Liége . . . . 381.

                                      609.

Lignes du Hâvre à St. Quentin.

1er. Par Étampuis et Amiens.
Hâvre - Amiens . . . . 213 K.
Amiens - Creil . . . . 80.
Creil - Tergnier . . . . 80.
Tergnier - St. Quentin . . . . 23.

396.

396.

2e. Par Rouen et Amiens . . . . 398.

398.

3e. Par Rouen, Morgny & Gournay.
Hâvre - Rouen . . . . 88.
Rouen - Morgny . . . . 15.
Morgny - Creil . . . . 104.
Creil, Tergnier, St. Quentin . . . . 103.

310.

310.

4e. Par Rouen, Pont-de-l'Arche et Gournay.
Hâvre - Pont-de-l'Arche . . . . 109.
Pont-de-l'Arche - Gournay . . . . 47.
Gournay - Creil . . . . 68.
Creil - St. Quentin . . . . 103.

327.

327.

5e. Par Pont-de-l'Arche et Gisors.
Hâvre - Pont-de-l'Arche . . . . 109.
Pont-de-l'Arche - Gisors . . . . 50.
Gisors - Creil . . . . 78.
Creil - St. Quentin . . . . 103.

340.

340.

Par Paris.
Hâvre - Paris 228
Paris - Saint-Quentin . . . . 154.

382.

382.

Lignes du Hâvre à Reims.

1re **Par Étampuis et Amiens.**
Hâvre - Amiens . . . . 213 K. ⎫
Amiens - Creil . . . . 80. ⎬ . . . . 453.
Creil - Tergnier . . . . 80. ⎬
Tergnier - Reims . . . . 80 ⎭

453.

2e **Par Rouen et Amiens** . . . . 455. . . . . 455.

3e **Par Rouen, Morgny et Gournay.**
Hâvre - Rouen . . . . 88. ⎫
Rouen - Morgny . . . . 15. ⎬
Morgny - Creil . . . . 104. ⎬ . . . . 367.
Creil - Tergnier . . . . 80. ⎬
Tergnier - Reims . . . . 80. ⎭

367.

4e **Par Rouen, Pont-de-l'Arche & Gournay.**
Hâvre - Pont-de-l'Arche . . . . 109. ⎫
Pont-de-l'Arche - Gournay . . . . 47. ⎬ . . . . 384.
Gournay - Creil . . . . 68. ⎬
Creil - Reims . . . . 160. ⎭

384.

5e **Par Rouen, Pont-de-l'Arche et Gisors.**
Hâvre - Pont-de-l'Arche . . . . 109. ⎫
Pont-de-l'Arche, Gisors . . . . 50. ⎬ . . . . 397.
Gisors - Creil . . . . 78. ⎬
Creil - Reims . . . . 160. ⎭

397.

Par Paris.
Hâvre - Paris . . . . 228. ⎫ . . . . 388.
Paris - Reims . . . . 160. ⎭

388.

Un tronçon doit être ouvert de Senlis à Crépy, pour continuer sur Reims par Soissons, et alors la distance de Creil à Reims sera réduite à 130 Kilomètres, au lieu de 160.

Par conséquent, une économie de 30 K. encore, en faveur des lignes 3, 4 et 5, réduites à 317, 354 & 367 Kil.tres

C'est au point de Reims que viennent converger : 1° la ligne de Charleville, prolongée vers la Belgique, par Givet ; 2° la ligne de Sedan, communication la plus directe avec le réseau des chemins du Duché de Luxembourg, par Longwuy et Arlon ou par Thionville et toutes les provenances Rhénanes, Coblentz et Francfort, qui, forcément, amèneront à Reims, leurs produits et leurs voyageurs, pour gagner naturellement, par la voie par la plus courte, Rouen et le Hâvre, leurs ports d'embarquements et d'approvisionnements.

Lignes du Hâvre à :

Châlons-sur-marne, par Paris..401. Par Amiens et Reims ..493. Par Rouen, Morgny Gournay..407. Pt de l'arche et Gournay 424.

Par Pont-de-l'arche et Gisors .... 437.

Nancy .... 581 .... 673. .... 587.

Par Pont-de-l'Arche et Gournay .... 604.

Par Pont-de-l'Arche et Gisors ..... 617.

Strasbourg .... 730 .... 822. .... 736 .... 753.

Par Pont-de-l'Arche et Gisors .... 766.

Mulhouse .... 719 .... 856 .... 770 .... 787.

Par Pont-de-l'Arche et Gisors ... 800.

Bâsle .... 751 .... 888 .... 792 .... 819.

Par Pont-de-l'Arche et Gisors ... 832.

Metz .... 620 .... 712 .... 626 .... 633.

Par Pont-de-l'Arche et Gisors .... 656.

Dès que l'embranchement de Crépy, expliqué d'autre part, sera terminé, l'abréviation obtenue de 30 kilomètres, réduira la distance comme suit, pour les lignes de Morgny, Gournay, Pont-de-l'Arche-Gournay, Pont de l'Arche-Gisors :

Hâvre-Châlons-Morgny ... 377. Pont de l'arche-Gournay.. 394. Pont de l'arche-Gisors 407.

" Nancy .... 557 .... 574 .... 587.

" Strasbourg .... 706 .... 723 .... 736.

" Mulhouse .... 740 .... 757 .... 770.

" Bâsle .... 762 .... 789 .... 802.

" Metz .... 596 .... 603 .... 626.

Une lacune entre Épinal & Remiremont et Wesserling, doit être comblée et abréger la distance de 30 kilomètres, pour Mulhouse et Bâsle.

Une ligne directe est décrétée de Châlons à Metz, elle abrégera de 136 Ktres. La distance du Hâvre à Metz sera réduite à :
Par Morgny .... 460k. Par Pont-de-l'arche et Gournay 467. Par Pont-de-l'arche et Gisors 490K.

Il était inutile de faire, dans cette dernière nomenclature, le détail du parcours par Rouen et Amiens, beaucoup trop long.

Lignes de Rouen à St. Quentin.

1re. par Morgny et Amiens.

Rouen – Amiens	127	
Amiens – Creil	80	
Creil – Tergnier	80	250.
Tergnier – St. Quentin	23	

250

2e. par Morgny et Gournay.

Rouen – Morgny	15	
Morgny – Gournay	36	
Gournay – Beauvais	30	222.
Beauvais – Creil	38	
Creil – St. Quentin	103	

222

3e. par Pont-de-L'Arche et Gournay.

Rouen – Pont-de-L'Arche	18	
Pont-de-L'Arche – Gournay	47	
Gournay – Beauvais	30	236.
Beauvais – Creil	38	
Creil – St. Quentin	103	

236

4e. par Pont-de-L'Arche et Gisors.

Rouen – Pont-de-L'Arche	18	
Pont-de-L'Arche – Gisors	50	
Gisors – Pontoise	39	249.
Pontoise – Creil	39	
Creil – St. Quentin	103	

249

par Paris.

Rouen – Paris	136	
Paris – St. Quentin	154	290.

290

Lignes de Rouen à Bruxelles.

1.r par Morgny et Amiens.

Rouen - Amiens	127	
Amiens - Bruxelles	236	363.

363.

2.e par Morgny et Gournay.

Rouen - Morgny	15	
Morgny - Gournay	36	
Gournay - Beauvais	30	
Beauvais - Creil	38	374
Creil - Maubeuge	171	
Maubeuge - Bruxelles	84	

374.

3.e par Pont-de-L'arche et Gournay.

Rouen - Pont-de-L'arche	18	
Pont-de-L'arche - Gournay	47	
Gournay - Beauvais	30	
Beauvais - Creil	38	388.
Creil - Maubeuge	171	
Maubeuge - Bruxelles	84	

388.

4.e par Pont-de L'arche et Gisors.

Rouen - Pont de-L'arche	18	
Pont-de-L'arche - Gisors	30	
Gisors - Pontoise	39	
Pontoise - Creil	39	401.
Creil - Maubeuge	171	
Maubeuge - Bruxelles	84	

401

par Paris.

Rouen - Paris	136	
Paris - Bruxelles	313	449.

449.

Lignes de Rouen à Charleroi.

1ᵉ par Morgny et Amiens.

Rouen - Amiens	127
Amiens - Quiévrain	133
Quiévrain - Mons	19
Mons - Manage	25
Manage - Wavre	41
Wavre - Charleroi	42

387

2ᵉ par Morgny et Gournay.

Rouen - Morgny	15
Morgny - Gournay	36
Gournay - Beauvais	30
Beauvais - Creil	38
Creil - Maubeuge	171
Maubeuge - Charleroi	56

346

3ᵉ par Pont-de-L'arche et Gournay.

Rouen - Pont-de-l'arche	18
Pont-de-l'arche - Gournay	47
Gournay - Beauvais	30
Beauvais - Creil	38
Creil - Maubeuge	171
Maubeuge - Charleroi	56

360

4ᵉ par Pont-de-L'arche et Gisors.

Rouen - Pont-de-L'arche	18
Pont-de-L'arche - Gisors	50
Gisors - Pontoise	39
Pontoise - Creil	39
Creil - Maubeuge	171
Maubeuge - Charleroi	56

373

par Paris.

Rouen - Paris	136
Paris - Charleroi	285

421

Nota : Les charbons destinés à la Vallée d'Andelle, depuis Charleval, compris, auraient par Gournay sur le tracé de Gisors et au point de vue même de l'Eure, une économie de 11 Kⁱˡᵒᵐ sur le tracé de Gisors. etc...

Lignes de Rouen à Liége.

1ᵉ par Morgny et Amiens.

Rouen - Amiens 127
Amiens - Bruxelles . . . . 236 } 477
Bruxelles - Liége 114

477

2ᵉ par Morgny et Gournay.

Rouen - Morgny 15
Morgny - Gournay 36
Gournay - Beauvais 30
Beauvais - Creil . . . . 38 } 374
Creil - Maubeuge 171
Maubeuge - Liége 84

374

3ᵉ par Pont-de-L'arche et Gournay

Rouen - Pont-de-l'arche 18
Pont-de-l'arche - Gournay 47
Gournay - Beauvais 30
Beauvais - Creil . . . . 38 } 388
Creil - Maubeuge 176
Maubeuge - Liége 84

388

4ᵉ par Pont-de-L'arche et Gisors.

Rouen - Pont-de-L'arche 18
Pont-de-L'arche - Gisors 50
Gisors - Pontoise 39
Pontoise - Creil . . . . 39 } 401
Creil - Maubeuge 171
Maubeuge - Liége 84

401

---

par Paris

Rouen - Paris . . . . 136 } 517
Paris - Liége 381

517

Lignes de Rouen à Reims.

1ʳᵉ Ligne, par Morgny et Amiens.

Rouen - Amiens,	127	
Amiens - Creil,	80	
Creil - Terguier,	80	367
Terguier - Laon	27	
Laon - Reims	53	
	367	

2ᵉ. Rouen - Morgny - Gournay,

Rouen - Morgny	15	
Morgny - Gournay	36	
Gournay - Beauvais	30	
Beauvais - Creil	38	279
Creil - Terguier,	80	
Terguier - Laon	27	
Laon - Reims	53	
	279	

3ᵉ. Rouen - Pont - de - L'arche - Gournay.

Rouen - Pont - de - L'arche	18	
Pont - de - L'arche - Gournay.	47	
Gournay - Beauvais	30	293
Beauvais - Creil	38	
Creil - Terguier	80	
Terguier - Reims	80	
	293	

4ᵉ. Pont - de - L'arche - Gisors.

Rouen - Pont - de - l'arche	18	
Pont - de - L'arche - Gisors	50	
Gisors - Creil	78	306
Creil - Reims	160	
	306	

par Paris

Rouen - Paris	136	
Paris - Reims	160	296
	296	

Un tronçon doit être exécuté de Senlis à Crépy pour continuer sur Reims par Soissons et alors la distance de Creil à Reims serait réduite à 130 Kᵐ au lieu de 160 ; par conséquent une économie de 30 Kᵐ en faveur des lignes 2. 3 et 4 réduites à 249, 263 et 276 Kᵐ.

Nota : C'est au point de Reims que viennent converger : 1° La ligne de Charleville prolongée vers la Belgique par Givet. 2° La ligne de Sedan, communication la plus directe avec le réseau des chemins du Duché de Luxembourg par Longwy et Arlon ou par Thionville et toutes les provenances Rhénanes, Coblentz et Francfort, qui forcément amèneront à Reims leurs produits pour gagner naturellement, par la voie la plus courte, Rouen et Le Havre, leurs ports d'embarquement et d'approvisionnements.

Lignes de Rouen, à :

Châlons - sur - Marne,	par Paris	309 K.
	" Amiens et Reims	407
	" Rouen - Morgny - Tournay	319
	Rouen - Pont - de - l'arche - Tournay	333
	Rouen - Pont - de - l'arche - Gisors	346
Nancy	Paris	489
	Amiens	587
	Morgny - Tournay	599
	Pont - de l'arche	513
	Pont - de - l'arche - Gisors	526
Strasbourg	Paris	638
	Amiens	736
	Morgny - Tournay	648
	Pont - de - l'arche - Tournay	662
	Pont - de - l'arche - Gisors	675
Mulhouse par Châlons et Chaumont	Paris	630
	Amiens	772
	Morgny - Tournay	684
	Pont - de - l'arche - Tournay	698
	Pont - de - l'arche - Gisors	711
Bâle	Paris	662
	Amiens	804
	Morgny - Tournay	716
	Pont - de - l'arche - Tournay	730
	Pont - de - l'arche - Gisors	743

Dès que l'embranchement de Crépy expliqué d'autre part sera terminé, l'abréviation obtenue de 30 Kilomètres réduira la distance comme suit, pour les lignes de Morgny, Pont - de - l'arche, Tournay et Gisors.

	par Morgny	par Pont - de - l'arche - Tournay	par Pont - de - l'arche - Gisors
Rouen — Châlons	289	303	316
" Nancy	469	483	496
" Strasbourg	618	632	645
" Mulhouse	654	668	681
" Bâle	686	700	713

Une lacune entre Epinal, Remiremont et Wesserling doit être comblée et abréger la distance de 30 Kètres pour Mulhouse et Bâle.

Rouen à Metz.

par Paris		620 K
" Amiens et Reims		712
" Morgny et Tournay		626
" Pont - de - l'arche - Tournay		633
" Pont - de - l'arche - Gisors		656

L'abréviation de Crépy réduirait la distance de 30 Kètres soit par Morgny - Tournay 576 K. Pont - de - l'arche - Tournay 603 K. Pont - de - l'arche - Gisors 626.

Une ligne directe est décrétée de Châlons à Metz, elle abrégerait la distance de 136 Kètres et elle serait alors réellement réduite de Rouen à Metz à :

par Morgny et Tournay 460 K. Pont - de - l'arche - Tournay 467 K. Pont - de - L'arche - Gisors 490 K.

Résumé et classemens des lignes, selon leurs longueurs.

Hâvre à Bruxelles.

		Longueur	Distances en plus de chaque ligne sur la plus courte.
1º	Par Etaimpuis et Amiens	449. K.	
2º	" Rouen et Amiens	451. "	2 Kⁱ
3º	" Morgny et Gournay	459.	10.
4º	" Pont-de-l'arche – Gournay	476.	27.
5º	" " " – Gisors	489. "	40. "
6º	" Rouen et Paris	513. "	64. "

Hâvre à Charleroi.

1º	" Rouen – Morgny et Gournay	431. "	
2º	" " – Pont de l'arche, Gournay	448. "	17.
3º	" Pont-de-l'arche – Gisors	461. "	30. "
4º	" Etaimpuis et Amiens	473. "	42. "
5º	" Rouen et Amiens	475. "	44. "
6º	" " et Paris	513. "	82. "

Hâvre et Liége.

1º	" Rouen – Morgny – Gournay	527. "	
2º	" Pont-de-l'arche – Gournay	554. "	27. "
3º	" Etaimpuis – Amiens	563. "	36. "
4º	" Rouen – Amiens	565. "	38. "
5º	" Pont-de-l'Arche – Gisors	567. "	40. "
6º	" Paris	609. "	82. "

Hâvre à St Quentin.

1º	" Morgny & Gournay	310. "	
2º	" Pont-de-l'arche – Gournay	327. "	17. "
3º	" Pont-de-l'arche – Gisors	340. "	30
4º	" Paris	382. "	72
5º	" Etaimpuis – Amiens	396. "	86. "
6º	" Rouen et Amiens	398. "	88. "

Hâvre à Reims.

1º	" Rouen – Morgny – Gournay	367. "	
2º	" Pont-de-l'arche – Gournay	384. "	17. "
3º	" Paris	388. "	21. "
4º	" Pont-de-l'arche – Gisors	397. "	30. "
5º	" Etaimpuis – Amiens	453. "	86. "
6º	" Rouen et Amiens	455. "	88 "

Rouen à St Quentin.

1º	" Morgny et Gournay	222. "	
2º	" Pont-de-l'arche – Gournay	236. "	14. "
3º	" Pont-de-l'arche – Gisors	249. "	27 "
4º	" Amiens	250. "	28. "
5º	" Paris	290. "	68. "

Rouen à Bruxelles.

1º	" Amiens	363	
2º	" Morgny et Gournay	374 "	11 "
3º	" Pont-de-l'arche – Gournay	388 "	15. "
4º	" Pont-de-l'arche – Gisors	401. "	38. "
5º	" Paris	449. "	86 "

Rouen à Charleroi.

1º	" Morgny – Gournay	346. "	
2º	" Pont-de-l'arche – Gournay	360. "	14. "
3º	" id. id. – Gisors	373. "	27 "
4º	" Amiens	387. "	41. "
5º	" Paris	421. "	75 "

Rouen à Liège.

1°	Par	Morguy et Gournay	374 K		Distances en plus que par la ligne la plus courte.
2	"	Pont de l'arche, Gournay	388.	14 K	
3	"	" à Gisors	401	27.	
4	"	Amiens	477	103.	
5	"	Paris	517	143.	

Rouen à Reims.

1°	"	Morguy et Gournay	279	
2°	"	Pont de l'arche, Gournay	293	14.
3°	"	Paris	296	17.
4	"	Pont de l'arche, Gisors	306	27.
5	"	Amiens	367	88.

N° 1

Communes traversées ou desservies par la ligne de Gournay, depuis Gournay jusqu'à et y compris Charleval, (point de raccordement des deux projets.)

Communes traversées ou desservies par la ligne de Gournay à R...

(Seine-Inférieure) — Argueil)

N° d'ordre	Nom des Communes	Population	Total
1	Beauvoir en Lyons	1100	
2	Rouvray-Boulenger	460	
3	Mésangueville	380	
4	Fry	320	
5	Argueil	500	
6	Sigy	770	
7	Mesnil-Lieubray	230	
8	La Hallotière	100	8,055
9	Rolleville	530	
10	La Feuillye	1735	
11	St-Luciens	300	
12	La Chapelle	200	
13	Morville	240	
14	La Haye	700	
15	Crevisy	500	
	Communes limitrophes		
16	Le Hérons	350	
17	Elbeuf s/ Andelle	400	
18	Rebets	360	
19	Bois-Guilbert	800	
20	Héronchelles	200	
21	Boissay	300	
22	Catenay	360	
23	St-Denis-le-Thiboust	600	
24	Ry	460	
25	St-Aignan	305	

N° d'ordre	Nom des Communes	Population	Total
26	Blainville	800	
27	Martainville	650	
28	Grainville-s/-Ry	530	6,415
29	Auzouville	560	
	(Eure)		
30	Le Tronquay	1100	
31	Lyons-la-Forêt	1600	
32	Les-Hogues	1100	
33	Vascœuil	450	6,250
34	Perruel	400	
35	Perriers	1300	
36	Letteguives	300	
37	Charleval		
	Total		20,720

N° d'ordre	Nom des Communes	Population	Total	Observations
	Canton de Gournay			
1	Avesnes	333		
2	Bezancourt	711		
3	Boshyons	433		
4	Brémontier-Merval	588		
5	Cuy-St-Fiacre	410		
6	Dampierre	608		
7	Doudeauville	201		
8	Elbeuf-en-Bray	433		
9	Ernemont-la-Villette	280	10,099	
10	Ferrières	731		
11	Gamours-St-Étienne	414		
12	Gournay	3,282		
13	Ménerval	424		
14	Molagnies	166		
15	Montroty	367		
16	Neufmarché	718		
	Communes limitrophes - 10 -			
	Fleury-la-Forêt			

Établissements industriels de la vallée d'Andelle depuis Rouvray, jusques et non compris Charleval. (point de raccordement des deux projets)

Établissements industriels du canton de Gournay qui seront desservis par la ligne de Gournay à Rouen.

N° d'ordre	Noms des Communes où les établissements sont situés	Moulins à blé	Filatures	Force motrice	Observations
	Rouvray	1		6 chevaux	1° Ces Vallées offrent en outre de très nombreuses chutes non utilisées jusqu'à alors ; quelques unes même déjà autorisées permettraient une augmentation considérable de l'industrie si ces contrées avaient des débouchés plus faciles, tels qu'une voie ferrée.
		1		15 d°	
		1		12 d°	
	Ligy	1		20 d°	
		1		15 d°	
		1		18 d°	2° Plusieurs établissements possèdent des pompes à feu qui augmentent leur force motrice et leur production ; les charbons de terre sont nécessaires à leur exploitation.
		1		20 d°	
	Rolleval	1		20 d°	
		1		20 d°	
		1		40 d°	
	Nouville	1		35 d°	
			2	40 d°	
	Elbeuf s/ Andelle	1		12 d°	
	Vallée de Fieronchette	3		30 d°	
	Croisy		2	70 d°	
	Vallée de Blainville-Croisy	9		100 d°	
			2	80 d°	
	Fascruil	1		25 d°	
	Pitres		3	225 d°	
			7	700 d°	
	Perriers	1		30 d°	
	Moulins ...	26			
	Filatures ...		16		
	Force de chevaux ...			1433 (chevaux)	

Noms des Communes où les établissements sont situés	Moulins à blé	Moulins à eau	Force motrice utilisée (chevaux)	Observations
Gournay	1	1	27	(25 eu 2)
Guy-St Fiacre	2		7	
Dampierre	1		3	
Elbeuf en Bray	4		14	
Ferrières	2	1	8	(6 eu 2)
Gancourt	1		8	
Neuvoural	2		6	
Neufmarché	8		25	
	15	2	98	
Bezancourt	1 Verrerie		(le Landel)	Donnant un transport de 1,300,000 k importation et exportation comprises.

Superficie des terres labourables du canton d'Argueil et produits.

Indication de Culture	Nombre d'hectares Cultivés	Produits		Observations.
		en grains (hectolitres)	en paille (quintaux)	
Froment	2,740	68.500	92.200	
Seigle	280	5.600	11.400	
Orge	300	7.500	6.600	
Avoine	2,650	106.000	79.500	
	5.970	187.600	189.700	

Poids total

Froment	5,343.000		(à 78 K° l'hectolitre)
Seigle	364.000		à 65 K° d°
Orge	435.000		à 58 K° d°
Avoine	4,770.000		à 45 K° d°
	10,912.000		
Pailles	18,970,000 K.		

Poids total des grains et pailles . . . . 29.882.000 K°°

Superficie des terres labourables du Canton de Gournay et produits.

Indication des Cultures	Nombre d'hectares Cultivés	Produits		Observations
		en grains (hectolitres)	en paille (quintaux)	
Froment	1.626	27.830	"	
Seigle	374	6.732	,	
Orge	238	4.998	.	
Avoine	1.488	41.664	.	
	3.726	81.224	.	

Poids :

			l'hectolitre	Total.
Froment	27.830	à	75 K°	2.087.250 K°
Seigle	6.732	à	73 -	491.436
Orge	4.998	à	65 -	324.870
Avoine	41.664	à	47 -	1.958.208
Total				4.861,764

année moyenne

Les pailles et fourrages sont consommés sur place

Bouveries, herbages, prairies irriguées et prairies artificielles, Forêt de l'État et Bois particuliers du canton d'Arqueil.

Désignation.	Contenance en hectares.	Produits.	Observations.
Bouveries et herbages.	3.300		alimentant 8.000 bêtes,
Prairies irriguées,	246	26,500,000 ᶠ	
Prairies artificielles et fourrages divers,	2.612	15,700,000	
Forêts de l'État	3,000	50,000,000 ✱	Bois de marine, Construction et à bruler.
Bois particuliers,	1.746	44.000.000	
Totaux,	10.904 h.	136,200,000	
Bois de l'État et des particuliers sur les Communes limitrophes du canton d'Arqueil et de la Voie ferrée jusques et non Compris Charleval.		100.000.000	Dans cette énumération sont compris les Bois d'industrie, tels que: Sabots, pelles et boissellerie.
		236,200,000	

✱ La Forêt de Lyons occupe journellement 600 chevaux à et le transport de ses bois.

Bouveries et herbages, prairies artificielles et Bois du Canton de Gournay.

Désignation.	Contenance en hectares.	Produits.		Observations.
Prés naturels et pâturages,	9.370	°		
Prairies artificielles,	1.850	°		
Bois,	2.422	°		
Jardins particuliers et maraichers,	370	°		
	13.712	°		

Les pailles et fourrages sont Consommés sur place.

N.º 5

Transport des Voyageurs et Marchandises.

Voyageurs : .... 400,000, au chiffre moyen de 0ᶠ.07ᶜ par Kilomètre, sur 30 Kilomètres seulement .. 840.000ᶠ.

Marchandises : 50,670,600 Kilog.   dᵒ: de 0ᶠ.02.50   dᵒ: dᵒ: .... 3.800.295.

Grande vitesse, finances, Bagages, à 100ᶠ. par jour   36.500.

Recettes annuelles .. 4.676.795ᶠ.

Ces Recettes s'attribuant au seul parcours de la limite du canton d'Arqueil, jusques et non compris Charleval, soit pour une Distance De 20 Kilomètres, produiraient donc par Kilomètre 107,163ᶠ.25 par chaque année.

Transport des Voyageurs et Marchandises.

Voyageurs .... 600,000, au chiffre moyen de 0ᶠ.07ᶜ par Kilomètre, sur 16 Kil. seulement (8 Kil. aller et retour 1.260.000ᶠ.

Marchandises 100,000,000 Kilom. au chiffre moyen de 0,02.50 les 100 Kil. ou 2ᶠ.50 la tonne, par Kil. .... 4.000.000.

Grande vitesse, Finances, Bagages, à 200ᶠ. par jour .... 73.000.

5.333.000.

Trafic du Canton d'Argueil.

Importations et Exportations.

Désignation.	Importation. (nombre de têtes)	Exportation. (nombre de têtes)	Poids moyen. (par tête)	Nombre Total.	Poids Total.
…, Vaches	2.500	2.500	400 K.	5.000	2.000.000 K.
…	500	300	250	800	200.000
… gras		3.000	100	3.000	300.000
…	9.000	7.000	55	16.000	880.000
…	1.000	6.000	135	7.000	945.000
…	400	400	800	800	640.000
…aine	400	300	250	700	175.000
…ds		30.000	1ᴷ5	30.000	45.000
…nins, Oies,					
…do, Pindons		50.000	3 K.	50.000	150.000
	13.800	99.500		113.300	5.335.000

Désignation.	Importation.	Exportation.	Poids moyen.	Nombre Total.	Poids Total.
…ra		610.000 Kᵍ			680.000 Kᵍ
…rages	85.000	120.000			203.000
…		200.000			200.000
…nes à Cidre		200.000			200.000
…		180.000			120.000
…el		6.300.000			6.300.000
					40.000
…es pour semences	40.000				6.000.000
…	6.000.000				2.000.000
…oupe	2.000.000				3.652.000
…	2.152.000	1.500.000			2.660.000
…nes	1.460.000	1.200.000			541.000
… et Eaux-de-vie	541.000				
…rigres et huiles					250.000
…olD	250.000				250.000
…re	250.000				10.000
…reul	10.000				80.550
…	80.550				80.550
…	80.550				
…mmier					100.000
…perie	100.000				
…erie					100.000
…venertas					100.000
…erie, &ᵃ	100.000				
…queries et couleurs	100.000				200.000
…erie					
…incaillerie	200.000				
…o et acier					350.000
…rbons de terre	350.000				48.300
…ono	48.300				2.400.000
…tons	1.200.000	1.200.000			100.000
…tiers, Machines	100.000				480.000
…nes		480.000			100.000
…res réfractaires		100.000			
…és, Briques,					200.000
…es, Poterie,	200.000				
…nes, Meules					
…son (frais et salé)					40.000
…Huîtres	40.000				
	15.437.400	13.012.000			28.449.400 Kᵍ
Total général					33.784.400 Kᵍ

Observations :

— Âge moyen d'une année.

— Évaluation de 3ᴴ. par chaque vache, par semaine.

— Évaluation approximative de 90 œufs par poule, l'œuf au poids moyen de 45 grammes.
— Soit 40.000 Hectolitres au poids de 50 Kilogs. par hectolitre.
— Soit 1.200 hectolitres au poids de 100 Kilogs. Dᵒ
— Un tiers de la production.

— 7 Kilog. par vache pendant 120 jours et le reste pour les chevaux.
— Spécialement pour les porcs et les volailles.
— Savonnerie faisant de grandes opérations.

— Un hectolitre par habitant, six autres seulement de la population (Marchés compris

— 10.000 pouches, à 25 Kilogz.
— 400 barils, à 200 Kilog.
— 10 Kilogz. par habitant, chaque année (Marchés compris.)
— Dᵒ Dᵒ (cafés, confitures, pâtisseries, sirops compris.)

— Pour les usages des forges & serrureries (fabriques non comprises.)
— 6 Kilogz. par habitant, chaque année.

— 3 Kilogz. en suint par mouton.

Les Communes limitrophes du Canton et de la voie ferrée indiquées au Tableau de la population, représentant 12.000 contre 8.000 habitants du canton, le trafic à attribuer à cette agglomération, doit représenter des transports dans la même proportion, soit 50.670.600 Kilog.

Le Transit doit donner, en outre, des transports énormes :

1°, En Bestiaux de toutes espèces ;
2°, Cuirs, Eaux-de-vie, expédiés dans le Nord ou venant de la Champagne.
3°, Mercerie, Draperies, Rouenneries, &ᵃ…. ;
4°, Poteries, Terres réfractaires, &ᵃ…. ;
5°, Farines, Sons, Blés, Avoines, Graines de toute nature ;
6°, Beurres, Fromages ;
7°, Charbons de Terre et de Bois ;
8°, Cotons, Fils & Laines.

Trafic du Canton de Gournay. Importations et Exportations.

Désignation	Importation (nombre de têtes)	Exportation (nombre de têtes)	Poids moyen (par tête)	Nombre total	Poids total
Bœuf, Vaches,	8,543	9.000	500 Kil.	17.543	8,771,500 K.
Génisses,	383	450	250	833	208,250
Bestiaux Maigres,	4.000	"	300	4.000	1.200,000
Veaux gras,	"	4,000	75	4.000	300,000
Moutons,	4.000	800	55	4.800	264,000
Porcs,	40.000	46.500	"	86.500	6,703,750
Chevaux,	450	450	750	900	675,000
Poulains,	50	150	250	200	50,000
Poulets,	40.000	140.000	1,5	180.000	270,000
Lapins,	"	2.500	2,5	2.500	62,500
Oies, Canards, Dindons,	27.160	58.320	3	85.480	256,440
	124,586	262,170	"	386,756	18,761,440

Désignation	Importation	Exportation			Poids total
Beurre,	"	2,340,000 K.	"	"	2,340,000 K.
Fromages,		8,125,000	"	"	8,125,000
Œufs,	2,600,000	130,000	"	"	2,730,000
Pommes à Cidre,	"	25,354,000	"	"	25,354,000
Cidre,	"	100,000	"	"	100,000
Paille,	100,000	"	"	"	100,000
Graines fourragères,	70,000	15,000	"	"	85,000
Sons,	7,000,000	"	"	"	7,000,000
Recoupes,	3,000,000	"	"	"	3,000,000
Blé,	2,016,000	1,100,000	"	"	3,120,000
Farines,	1,000,000	1,100,000	"	"	2,100,000
Vins, Eaux-de-Vie,	1,500,000	250,000	"	"	1,750,000
Bière,	3,600	"	"	"	3,600
	17,283,600	32,524,000	"	"	49,807,600

Le nombre est établi annuel dans la somme de 17,543, dans lequel nombre sont compris par importation 8,543 et ... par exportation, en raison des élèves qui se font dans le pays, 9,000 environ.

Si l'importation se trouve être d'un chiffre inférieur à l'exportation c'est qu'il se fait des élèves dans le pays. Amené de toute part sur le marché.

Dans ce nombre sont compris les petits porcs âgés de 2 mois et figurant pour 1/4 environ.

Désignation.	Importation.	Exportation.	Nombre total.	Poids total.
Vinaigres, Huiles, Cafés, Sucres, Rouenneries, Draperies, Nouveautés, Merceries, Drogueries, Couleurs, Savons et tous autres art. d'Épiceries.	3,250,000	"	"	3,250,000
Terres réfractaires.	"	3,500,000	"	3,500,000
Pavés et Briques, pipes et poteries,	50,000	1,090,000	"	1,140,000
Fers, Clouterie, Quincaillerie, aciers et charbons de terre.	1,370,000	"	"	1,370,000
Bois de Charronnage.	20,000	"	"	20,000
Ciment et plâtre.	500,000	"	"	500,000
Écorces pour tanneries,	200,000	"	"	200,000
Cuirs tannés,	"	48,000	"	48,000
Suifs et Chandelle,	"	60,000	"	60,000
Culture Maraîchère (légumes verts)	1,220,000	1,000,000	"	2,220,000
Arbres et arbustes,	30,000	20,000	"	50,000
Bois du Nord.	120,000	"	"	120,000
Poterie, (de hasard)	780,000	520,000	"	1,300,000
	7,540,000	6,238,000	"	13,778,000

Récapitulation.

Animaux	18,761,440
Divers (1re partie	49,807,600
id (2e partie	13,778,000
Pour les communes limitrophes.	17,652,960
Total	100,000,000

Communes traversées ou desservies par la ligne de Gournay, depuis Gournay, jusques et non compris Charleval (Point de raccordement des deux projets).

Nombre des Communes du Canton	Population	Communes limitrophes	Population	Total de la population	Établissements industriels de la Vallée d'Andelle, depuis Rouvray, jusques et non compris Charleval. Nombre des communes où les établissements sont situés	Nature des usines – Moulins	Nature des usines – Filatures	Force motrice (en chevaux)	Superficie des terres labourables, couverts, bruyères, prairies, foin et bois particuliers. Nombre d'hectares de terre cultivés	Poids des produits en pailles et grains	Poids des produits en fourrage et bois – Poids total	Trafic du canton d'Argueil (Importation et exportation). Animaux (bois)	Autres produits	Poids total	Transport des voyageurs, marchandises, &c. Recettes.	Observations
					Canton d'Argueil.											
5.	8,055 Habt	21	12.665 Habt	20,720 Habt	11	26	16	1.433	5970	29,882,000 K	236,200,000 K — 266,082,000 K	5.335.000 K	28.449.400 K	33,784.400 K	4.676.795 f	Voir pour le détail les tableaux nos 1.2.3.4 et 5
					Canton de Gournay.											
6	10.099	10	5.000	15.099	9	15	3 (1)	100	3.726	4.861.764 K		18.761.440	63.585.000 K	82.347.040 K	5.333.000 f	(1) Une verrerie et 2 moulins à eau.
1.	18.154.	31	17.665	35.819	20	41	19.	1533.	9696	34.743.764 K	236.200.000 K — 266.082.000 K	24.096.440 K	92.034.400 K	116.131.440 K	10.009.795 f	

Observation relative au Canton d'Argueil.

Les Communes limitrophes du Canton et de la voie ferrée, indiquées au Tableau de la Population, représentant 12,000 contre 8,000 habitants du Canton, trafic à attribuer à cette agglomération, doit représenter des transports dans la même proportion, soit 50,670,600 Kilog.

Le Transit doit donner en outre des transports énormes:

1° En Bestiaux de toutes espèces;
2° En vins, Eaux-de-vie, expédiés dans le Nord ou venant de la Champagne.
3° Mercerie, Draperies, Bonneteries, &ª;
4° Poteries, Terres réfractaires, &ª;
5° Farines, Sons, Blés, Avoines, graines de toute nature;
6° Beurres, Fromages,
7° Charbons de terre et de bois.
8° Cotons, Fils & Laines.

www.ingramcontent.com/pod-product-compliance
Ingram Content Group UK Ltd.
Pitfield, Milton Keynes, MK11 3LW, UK
UKHW021502090726
13657UKWH00003B/1481

9 782019 318253